La tragedia vista dall'autismo

MIGUEL ALBA
2024

A A

DANA
La tragedia vista dall'autismo

Dedicato a tutte quelle persone che trovano la luce dopo la tragedia.

Indice

Capitolo 1
Premonizione

Tutto questo inizia martedì 29 ottobre dell'anno 2024 alle 7:30 del mattino.

Stavo dormendo tranquillamente nel mio letto, mio padre era già uscito per andare al lavoro da più di due ore, e mia madre si era alzata da più di 30 minuti per preparare le cose, farmi la colazione e prepararsi per andare anche lei al lavoro.

Poco dopo essersi alzata, mia madre, come di consueto a casa nostra, ha acceso un po' la televisione per guardare le notizie del giorno, in particolare il meteo, per sapere che vestiti indossare e preparare per me... ecc.

Quel giorno il meteo annunciava che la provincia di Valencia era in allerta rossa perché si prevedevano forti piogge.

Verso le 7:45 mia madre mi ha svegliato e mi ha detto di non andare a scuola per via della notizia che aveva visto e perché in quel momento aveva già iniziato a piovere nel nostro paese.

Io e mia madre abbiamo aspettato fino alle 8 del mattino mentre facevamo colazione, e quando è arrivata quell'ora, mia madre ha chiamato mio padre sul suo cellulare per dirgli di avvisare l'autobus che quel giorno non sarei andato a scuola.

Alle 9:30 del mattino la pioggia è cessata, ma il vento continuava a soffiare forte.

Alle 10:00 mia madre è andata al lavoro, e io sono rimasto solo a casa per un po'.

Un'ora dopo, alle 11:00, chiusi la porta di casa con le chiavi di mia madre e scesi a casa dei miei nonni paterni.

Quando arrivai, mi chiesero se stavo bene. Risposi di sì.

Spiegai a mia nonna quello che mia madre mi aveva detto quella mattina quando mi ero svegliato. Lei, annuendo con la testa, mi disse:

— Certo, è per il tuo bene. È meglio che resti a casa, perché siamo in allerta rossa per piogge e venti molto forti.

Dopo aver parlato con mia nonna, andai a raccontare la stessa cosa a mio nonno. Quando finii, lui mi rispose con calma:

— Non preoccuparti, tua madre ha fatto bene a non farti andare a scuola o prendere l'autobus. Siamo in allerta rossa in tutta la provincia di Valencia, e la cosa più importante è essere al sicuro.

Passarono le ore e, per stare più tranquillo, rimasi a casa dei miei nonni per farci compagnia a vicenda, aiutarli e anche pranzare con loro.

Dopo pranzo, alle 14:45, quando mio padre tornò a casa dal lavoro, gli raccontai tutto quello che era successo e il motivo per cui mia madre ed io lo avevamo chiamato al mattino per avvisarlo che non sarei andato a scuola.

Erano le cinque del pomeriggio quando mio padre mi chiese se volevo andare all'accademia di inglese.
L'accademia si trova nel centro del nostro paese, a circa quindici minuti a piedi da casa.
A quell'ora, il cielo era completamente coperto di nuvole grigie e il vento soffiava forte, facendo muovere i rami degli alberi da una parte all'altra come se stessero danzando una danza inquieta.

Guardai fuori dalla finestra per alcuni secondi prima di rispondere.

L'atmosfera mi sembrava strana, quasi minacciosa.

Alla fine, dissi a mio padre che preferivo non andare, perché il cielo era molto scuro e c'era troppo vento.

Non mi piace uscire quando il tempo è così, mi mette a disagio.

Mio padre, come sempre, fu molto comprensivo.

Mi disse che non c'era alcun problema, che la decisione era mia e che potevo scegliere quello che volevo.

"Decidi tu, non succede niente se oggi non vuoi andare," mi disse con un sorriso rassicurante.

Questo mi fece sentire meglio, perché a volte faccio fatica a prendere decisioni e mi preoccupo sempre se le persone si arrabbieranno per quello che decido.

Dopo averci riflettuto un po', gli dissi che quel pomeriggio non sarei andato all'accademia.

Mio padre prese il suo cellulare e, con calma, scrisse un messaggio su WhatsApp alla mia insegnante di inglese per avvisarla.

L'insegnante rispose poco dopo e nel suo messaggio diceva che non c'era problema e che avrei potuto andare un altro giorno, quando volevo.

Anche la sua risposta mi tranquillizzò, perché temo sempre di causare inconvenienti agli altri.

Alla fine, rimasi a casa. Mi sedetti accanto alla finestra e continuai a osservare come le nuvole si muovevano rapidamente nel cielo e come il vento agitava tutto al suo passaggio.

Anche se non andai all'accademia, sentii di aver preso una buona decisione per me stesso.

Erano le 19:15 di sera e io e i miei genitori stavamo cenando in sala da pranzo, come facciamo quasi tutti i giorni.

La televisione era accesa, sintonizzata su un canale di notizie, e mentre mangiavamo, prestavamo attenzione a ciò che dicevano.

La DANA continuava ad essere l'argomento principale, con immagini e reportage sui danni che stava causando in tutta la regione.

All'improvviso apparve una notizia che ci lasciò gelati.

Mostravano immagini di un ponte in un paese vicino chiamato Picanya, nella provincia di Valencia.

Il ponte era stato completamente distrutto dalla forza della corrente, ridotto in macerie.

La reporter spiegava che l'acqua straripata dal Barranco del Pollo, che attraversa quel paese, aveva spazzato via tutto al suo passaggio.

Sullo schermo mostravano come l'acqua scorreva incontrollata, trascinando alberi, pietre e persino pezzi del ponte che fino a poco tempo fa collegava i vicini di quel paese.

Il disastro era così sconvolgente che mia madre smise di mangiare e si coprì la bocca con una mano, mentre mio padre scuoteva la testa dicendo: "È una barbarie".

Io non riuscivo a staccare gli occhi dallo schermo.

Vedere un ponte, qualcosa di così solido e resistente, distrutto in quel modo dalla forza dell'acqua mi lasciò una sensazione strana, come se nulla fosse davvero sicuro.

Il burrone, che prima era solo un luogo dove passava l'acqua, si era trasformato in una forza inarrestabile capace di cambiare tutto nel giro di pochi minuti.

La notizia finì, ma in casa rimase un silenzio teso.

Nessuno sapeva cosa dire e l'unica cosa che potevamo fare era immaginare il caos che dovevano vivere le persone di quel paese, sperando che l'acqua smettesse presto di passare di lì.

Capitolo 2
La Dana

Un'ora dopo, verso le 20:15 circa, mio padre mi chiese se stesse piovendo, dato che il rumore che si sentiva sembrava quello, ma non stava piovendo e non aveva piovuto per tutto il pomeriggio.

Mi avvicinai alla finestra e, affacciandomi, vidi che quel rumore non era pioggia, ma la corrente d'acqua che scorreva lungo la nostra strada.

La corrente avanzava con una forza inarrestabile, raggiungendo più di 120 chilometri all'ora e trasportando oltre 500 litri al minuto.

Era come se un fiume furioso avesse preso vita nel mezzo delle nostre strade, portando via tutto ciò che trovava sul suo cammino.

Non avevo mai visto niente di così distruttivo, così spaventoso, in tutta la mia vita.

Era la prima volta che assistevo a una tragedia di tale portata.

Non riesco a descrivere a parole quanto sia stato orribile; spero che nessuno al mondo debba mai affrontare qualcosa di simile.

Parlai con i miei genitori e mi resi conto che, come me, anche per loro era la prima volta che vivevano qualcosa di simile.

Loro, che sembravano sempre avere tutte le risposte, erano confusi quanto me.

Non capivano come qualcosa di così terribile potesse accadere all'improvviso, senza alcun preavviso.

Anche perché era accaduto all'improvviso e nessuno si aspettava che avrebbe attraversato il mio paese e i paesi circostanti, dato che, come ho detto prima, non pioveva né aveva piovuto dalla mattina.

Alle 20:30, mio padre ha ricevuto improvvisamente un messaggio sul suo telefono cellulare accompagnato da un suono simile a un allarme (Ring, Ring, Ring, Ring) che non smetteva, e che diceva così:

Avviso di Allerta Rossa per forti piogge nella provincia di Valencia. Come misura preventiva, si consiglia di evitare qualsiasi tipo di spostamento. È fondamentale restare informati attraverso questo canale e fonti ufficiali, come @GVA112 sul social network X (precedentemente conosciuto come Twitter) e il canale televisivo valenciano À Punt, dove sarà possibile seguire l'evoluzione degli eventi in diretta.

Il messaggio non avvertiva solo delle piogge intense, ma sottolineava anche l'importanza di prendere precauzioni per evitare rischi inutili.

Inoltre, ci chiedeva di prestare attenzione a futuri avvisi che potrebbero essere inviati nelle ore successive, poiché la situazione poteva cambiare rapidamente.

L'insistenza sull'utilizzo esclusivo di canali ufficiali era un promemoria cruciale, specialmente in momenti di incertezza, per evitare voci o informazioni errate.

Per la nostra sicurezza, tutti i vicini dovevano restare all'erta e pronti a seguire le indicazioni che sarebbero state comunicate con l'avanzare del temporale.

30 minuti più tardi, è stato inviato nuovamente un messaggio di avviso a tutti i cellulari degli abitanti dei paesi colpiti dalla DANA.

La mia famiglia ed io eravamo incollati al televisore, seguendo il canale À Punt, cercando qualsiasi notizia che potesse darci speranza.

Volevamo sapere quando sarebbe finita la tragedia della DANA che ci teneva intrappolati, sia fisicamente che emotivamente.

Ma le notizie non erano incoraggianti, dato che i giornalisti e i presentatori annunciavano che non sarebbe cessato fino alle cinque del mattino del giorno successivo.

Le sue parole erano un colpo di maglio, come se ogni minuto che mancava alla fine dell'incubo pesasse più del precedente.

Erano le dieci di sera quando tutto il paese fu immerso nell'oscurità.

La luce se ne andò all'improvviso, lasciando tutto in silenzio, tranne quella corrente di acqua e fango, che sembrava ancora più forte senza il rumore di fondo dell'elettricità.

Senza luce, la situazione diventava ancora più inquietante, come se tutto questo volesse isolarci completamente.

Poco dopo, si interruppe anche l'erogazione dell'acqua, lasciandoci senza risorse di base in un momento in cui l'unica cosa che volevamo era sentire un po' di normalità.

Il tempo passava lentamente, potevamo solo guardare fuori dalla finestra, cercando di illuminare con le torce del cellulare per vedere come le macchine galleggiavano e sbattevano sotto di noi mentre la corrente le trascinava via, facendole sparire dalla nostra vista.

Eravamo intrappolati tra l'incertezza e la paura, senza sapere cos'altro potesse accadere.

Il tempo continuava a passare, e potevamo vedere con le torce dei cellulari solo la corrente dell'acqua e le auto galleggianti, insieme ad altri oggetti che venivano trascinati via.

Come noi, anche altre persone, vicini del palazzo o della strada, illuminavano con le loro torce la strada per osservare il livello dell'acqua e controllare se ci fosse qualcuno intrappolato per strada o qualcosa di simile.

All'una di notte, stremati ma incapaci di rilassarci, la mia famiglia ed io decidemmo di andare a letto.

Ma chiamare "dormire" quello che cercammo di fare sarebbe una bugia, perché l'unica cosa che riuscimmo a fare fu sdraiarci e chiudere gli occhi, anche se la paura era sempre lì, rendendo impossibile il riposo.

Nos sentíamos en estado de shock pero no solo por lo que habíamos vivido durante esas horas, sino también por lo que estaba pasando a nuestro alrededor.

Guardare le strade allagate, immaginare i danni che l'acqua stava causando al paese, era come vivere un incubo, solo che non potevi svegliarti.

Ogni volta che il vento colpiva le finestre o sentivamo il ruggito dell'acqua per strada, i nostri cuori battevano più forte.

Io e i miei genitori condividevamo lo stesso timore: che l'acqua salisse ancora di più e arrivasse fino a casa nostra.

Quell'incertezza ci teneva sul filo del rasoio, senza sapere se, da un momento all'altro, avremmo dovuto abbandonare tutto.

Non potevamo fare altro che aspettare, in quella lunga e angosciante notte, pregando che tutta quell'acqua ci concedesse una tregua prima che fosse troppo tardi.

Capitolo 3
Il Giorno Dopo

Il martedì 30 ottobre 2024 è iniziato presto per me.

Appena i primi raggi di sole hanno iniziato a filtrare attraverso le finestre, mi sono svegliato nella mia stanza.

Mentre mi stiracchiavo, ho notato che non ero l'unico ad essere già in piedi; dall'altro lato della casa si sentivano le voci dei miei genitori, che erano già svegli.

Mi sono preso un momento per allungarmi e, come ogni mattina, sono andato prima in bagno per sistemarmi.

Anche se tutto sembrava uguale al solito, c'era qualcosa nell'aria che non riuscivo a identificare del tutto, come se quel giorno avesse un'atmosfera diversa che non riuscivo a spiegare.

Quando ho finito, sono andato verso il soggiorno e lì ho trovato i miei genitori, in piedi accanto alla finestra, che guardavano attentamente fuori.

C'era qualcosa di strano nei loro sguardi, una miscela di curiosità e inquietudine che mi ha fatto venire voglia di saperne di più.

Il modo in cui erano attenti alla strada, quasi in silenzio, ha catturato la mia attenzione.

Qualcosa nel loro comportamento mi ha fatto capire che non era una mattina come tutte le altre.

E quando mi sono affacciato alla finestra, ho capito tutto subito, perché con l'inizio della giornata ho visto cosa aveva fatto l'acqua e come, nel giro di poche ore, le nostre strade, le nostre piazze e le nostre case si erano trasformate in un caos.

La prima cosa che abbiamo fatto è stata chiamare i miei nonni paterni per sapere come stavano, perché il livello dell'acqua sembrava arrivare, durante la notte, all'altezza della loro finestra. Per fortuna, non è stato così.

Stavano entrambi bene di salute, spaventati, ancora sotto shock, come lo ero anch'io, ma stavano bene, ed era questa la cosa importante.

Dato che non c'era né luce né acqua, cucinare in casa era impossibile.

Tutto era fermo, e l'unica cosa che potevamo fare era sfruttare ciò che avevamo già.

Per fortuna, appena due settimane prima che la tragedia della DANA colpisse con così tanta forza, avevamo fatto una grande spesa.

In quel momento, lo avevamo fatto pensando di avere provviste per noi stessi e anche per comprare alcune cose di cui avevano bisogno e che ci avevano chiesto i miei nonni paterni.

Non avevamo idea di quanto sarebbe stata importante quella decisione poco dopo.

Quei viveri, che in condizioni normali sarebbero stati una cosa quotidiana, si sono trasformati in un vero e proprio salvavita durante quei giorni difficili, giorni di cui non sapevamo quanto sarebbero durati.

La mattinata passava guardando fuori dalle finestre e cercando di assimilare ciò che vedevamo, perché avevamo paura di scendere anche solo per mettere piede in strada.

Alla fine, mio padre si è vestito con quello che ha potuto ed è sceso in strada per vedere com'era la situazione.

Scendendo e vedendo quanto fosse spaventoso tutto, le strade e i marciapiedi pieni di fango, le macchine ammassate una sopra l'altra, le persone che si abbracciavano e piangevano increduli come noi per quello che era successo, e molte altre cose difficili da descrivere solo con le parole.

E l'odore, un odore misto di benzina, gas, fango e acqua, difficile da descrivere, si capiva solo che c'era gente che era stata evacuata dai loro edifici perché un veicolo, trascinato dall'acqua, si era ribaltato causando la rottura di una tubatura del gas appartenente a uno di quegli edifici.

Dopo un po', mio padre tornò a casa e ci raccontò, a me, ai miei nonni e a mia madre, quello che aveva visto. Non solo quello che vi ho scritto sopra, ma anche qualcosa che ci riguardava personalmente: la serranda di un nostro piano terra era affondata e non si poteva aprire a causa dell'urto di un'auto trascinata dalla corrente la notte precedente.

In quel piano terra è come se avessimo una seconda casa, poiché è dotato di cucina, elettrodomestici come un frigorifero, armadi guardaroba, scaffali, scarpiera, libri, bottiglie, utensili per lo stoccaggio, utensili da cucina, televisore... ecc. E, soprattutto, le cose più importanti: l'auto di mio padre e quella di mio nonno, che vengono anch'esse custodite in quel piano terra.

Non c'era luce, non c'era acqua, e le batterie dei telefoni cellulari si stavano esaurendo, quindi eravamo praticamente isolati.

Restammo un po' con i miei nonni a casa loro e poi i miei genitori e io risalimmo al nostro appartamento per mangiare qualcosa e riposare.

Nel pomeriggio, intorno alle sei, scendemmo di nuovo, io e i miei genitori, a casa dei miei nonni per stare ancora insieme.

Mio nonno stava ascoltando una radio portatile che ha e che funziona a pile, e ci sedemmo tutti insieme per sentire cosa dicevano su questa tragedia.

Quello che stavamo ascoltando non erano notizie molto incoraggianti, poiché questa tragedia aveva portato via decine di persone e centinaia di dispersi di cui nessuno sapeva nulla.

Restammo ancora un po' con loro e, alle otto di sera, i miei genitori e io risalimmo di nuovo al nostro appartamento per cercare di cenare qualcosa e riposare fino al giorno successivo.

Per questo decisi di andare a dormire presto quella sera.

Ero stanco, ma prima di mettermi a letto, non riuscivo a smettere di pensare a tutto ciò che avevo visto durante il giorno.

Mi chiedevo se il giorno successivo le cose sarebbero state meglio, se le strade sarebbero cominciate a sembrare più pulite e se le persone avrebbero potuto recuperare qualcosa di ciò che avevano perso a causa della grande tragedia della DANA.

Mi sono aggrappato a questa idea mentre chiudevo gli occhi, sperando che il nuovo giorno portasse un po' di luce dopo tanta oscurità.

Con questa immagine nella testa, alla fine mi sono sdraiato e, poco a poco, mi sono lasciato andare al sonno, fino a quando la stanchezza mi ha sopraffatto e ho dormito profondamente fino al giorno successivo.

Capitolo 4
Un Viaggio Sorprendente

Giovedì 31 ottobre 2024, alle 8:00 del mattino, mi sono svegliato come ogni altro giorno, ma subito mi sono accorto che qualcosa non andava.

L'aria in casa era carica di una strana sensazione di inquietudine.

Mi sono alzato dal letto, ancora mezzo addormentato, e sono andato in soggiorno, dove ho trovato i miei genitori.

Erano seduti sul divano, parlando tra loro con espressioni serie, quasi preoccupate.

Quando mi hanno visto entrare, mia madre mi ha chiamato e mi ha detto con voce calma ma decisa:

Miguel, come già sai, qui in casa non c'è né acqua né luce, né a casa dei nonni, né nelle case dei vicini, né per strada... ecc.

Papà e io abbiamo pensato di andare in città a Valencia per cercare di caricare i telefoni e i tablet, per poterli usare come sveglie e torce. Ti piacerebbe venire con noi?

Ho pensato per un momento e, anche se non mi piaceva molto l'idea di uscire con tutto questo caos, sapevo che era importante.

Ho risposto con tono deciso:

Sì, voglio venire con voi, così posso caricare il mio tablet e il mio cellulare.

Sono andato in camera mia a cambiarmi, pensando a quanto fosse strano tutto quello.

Stavamo organizzando qualcosa di così semplice come caricare un telefono, ma sembrava una missione importante.

Guardando dalla finestra, il cielo era ancora grigio, e la strada aveva un aspetto triste, con enormi pozzanghere piene di fango, auto accatastate e resti di cose che l'acqua aveva trascinato via.

Sapevo che quel giorno sarebbe stato diverso, che non sarebbe stato come gli altri.

Dopo aver messo le protezioni sanitarie, come le mascherine e i guanti, io e i miei genitori ci siamo preparati per uscire di casa.

Siamo scesi con attenzione le scale dell'edificio in cui viviamo, sentendo come ogni gradino sembrasse più freddo e umido del solito.

La nostra prima destinazione era la casa dei miei nonni, che volevamo visitare per sapere come stavano, come avevano passato la notte e se avevano bisogno di qualcosa.

Quando siamo arrivati a casa loro, ci hanno salutato con i loro sorrisi di sempre, anche se questa volta si notava una preoccupazione nascosta dietro i loro gesti affettuosi.

Mio nonno paterno ci ha consegnato il suo telefono cellulare, spiegandoci che era completamente scarico, spento e che, anche se non c'era copertura telefonica né funzionava internet, aveva bisogno di caricarlo nel caso in cui fosse successa un'emergenza.

Dopo aver passato un po' di tempo con loro, ci siamo salutati, assicurandogli che presto saremmo tornati.

Prima di uscire da casa loro, io e i miei genitori ci siamo rimessi le mascherine.

Quei piccoli gesti, che erano già diventati una routine, sembravano ora ancora più importanti.

Siamo scesi lentamente i gradini fino al cortile e poi molto lentamente fino alla porta principale dell'edificio che ci avrebbe portato fuori."

Si prega di farmi sapere se hai bisogno di ulteriori modifiche!

Al uscire, vedemmo che le strade erano coperte di fango, resti di foglie e sporcizia che l'acqua aveva trascinato da un lato all'altro.

Mentre camminavamo lentamente, fissando il pavimento, i miei genitori mi ricordavano costantemente di fare attenzione, di non scivolare.

In alcuni tratti, il fango era così spesso che sembrava che i nostri piedi vi affondassero dentro. La tempesta non aveva fatto alcuna distinzione né avuto alcun rimorso nel traboccare e spazzare via tutto; aveva coperto tutto con uno strato di fargo e disordine.

Camminavamo in silenzio, sentendo il peso della situazione, ma anche grati che, nonostante tutto, eravamo insieme e al sicuro.

Ogni passo ci ricordava quanto fosse importante procedere con cautela, non solo per il fango a terra, ma per tutto ciò che la tempesta aveva cambiato intorno a noi.

Il giorno era grigio e pesante, e sebbene l'alluvione fosse cessata da un giorno, i segni della tempesta erano ovunque: strade piene di fango, auto bloccate e gente che cercava di salvare quello che poteva.

Mentre lasciavamo il paese in direzione di Valencia, arrivammo a un ponte che dovevamo attraversare per continuare il nostro cammino.

In quel momento, mio padre vide un suo amico per strada, fradicio e con le mani piene di fango, che cercava di liberare l'acqua dalla sua casa.

L'uomo, visibilmente nervoso, ci spiegò che il suo appartamento era stato allagato.

L'acqua era arrivata a più di un metro di altezza dentro la sua casa, distruggendo mobili, elettrodomestici e tutto ciò che trovava sul suo cammino.

Ci indicò la strada, dove il livello dell'acqua aveva superato i due metri di altezza durante il picco dell'alluvione.

—Volete entrare e vederlo? —ci chiese. Non era un invito gioioso, ma una necessità di condividere l'impatto di ciò che era successo, di mostrare le ferite che la DANA aveva lasciato nella sua casa.

Accettammo e entrammo.

Appena varcata la porta, incontrammo sua moglie, che stava piangendo.

Aveva gli occhi arrossati e si aggrappò a noi come se cercasse supporto in mezzo a un caos che sembrava incontenibile.

Ci accompagnò a fare il giro dell'appartamento, indicando con mani tremanti il disastro: mobili rovesciati, elettrodomestici ormai inutilizzabili, pareti segnate dal fango e dall'acqua che ancora gocciolava in alcuni angoli, insomma, tutto ciò che faceva parte della loro vita quotidiana era distrutto.

L'atmosfera era sconvolgente, perché si sentivano a malapena i nostri passi tra le macerie.

Mio padre cercò di consolare il suo amico, ma non c'erano parole sufficienti per lenire una perdita così grande.

Io, da parte mia, guardavo tutto in silenzio, cercando di comprendere come una tempesta potesse cambiare così tanto la vita di una famiglia in così poco tempo.

Quando uscimmo dall'appartamento, entrambi ci guardarono con una miscela di tristezza e gratitudine, e poi tornarono al loro compito di pulire ciò che l'acqua aveva lasciato dietro.

Quella scena di disperazione, di una casa trasformata in un campo di battaglia contro l'acqua, mi rimase impressa nella mente.

Fu un ricordo silenzioso di quanto può essere fragile tutto ciò che conosciamo.

E camminando solo qualche metro, arrivammo al primo ponte che dovevamo attraversare per proseguire il nostro cammino.

Mentre attraversavamo il ponte, il paesaggio che si estendeva davanti a noi era desolante.

Le strade, che un tempo erano familiari e piene di vita, ora erano coperte di acqua e detriti.

Intorno a noi, c'erano volontari e vicini che non esitarono a uscire per aiutare chi aveva perso tutto.

Ogni gesto, ogni sguardo, trasmetteva una miscela di urgenza e solidarietà che riempiva l'aria.

Tra tutte le persone che erano lì, attraversando il ponte come noi alla ricerca di un po' di luce in mezzo a tutto ciò che stavamo vivendo, qualcosa attirò la nostra attenzione: una coppia abbracciava altre persone che, a quanto pare, conoscevano da prima, ma che non vedevano da molto tempo.

Era un incontro inaspettato nel mezzo del caos.

Gli abbracci erano lunghi, sinceri, come se cercassero di recuperare tutto il tempo perso e allo stesso tempo trovare conforto in mezzo a tanta incertezza.

Le lacrime che condividevano sembravano non essere solo per la tragedia, ma anche per l'emozione di essersi ritrovati in un momento così difficile.

Rimanemmo a guardarli in silenzio, profondamente commossi.

Vederli abbracciarsi e piangere ci colpì in un modo che non ci aspettavamo.

In quel momento, sentimmo l'entità di ciò che stava accadendo: la DANA non aveva solo distrutto case, strade e parchi, ma aveva anche cambiato vite per sempre.

Man mano che proseguivamo il nostro cammino, non riuscivamo a smettere di pensare a ciò che quella coppia aveva vissuto, a ciò che stavamo vivendo noi stessi, e a come queste tragedie rivelano sia il dolore che la capacità delle persone di unirsi e sostenersi.

Era un promemoria che, anche nei momenti peggiori, l'umanità può brillare attraverso piccoli atti di amore e solidarietà.

Quel giorno, mentre attraversavamo il ponte, capimmo che queste tragedie non distruggono solo le cose materiali, ma lasciano anche cicatrici nel cuore.

Eppure, tra tanto dolore, vedemmo anche bagliori di speranza, come gli abbracci di quella coppia che, nonostante tutto, si erano trovati nel mezzo della tempesta.

Alla fine di quel ponte, arrivammo a La Torre, una frazione che appartiene alla città di Valencia e che, come noi, era stata anche essa colpita dalla DANA.

Nella zona colpita, il panorama era desolante, con un'enorme quantità di fango ovunque, che copriva le strade e rendeva difficile il passaggio.

Le auto erano capovolte, alcune completamente girate, e altre accatastate una sopra l'altra, come se l'acqua le avesse scaraventate senza controllo.

Sembrava impossibile immaginare che quel luogo, ora così distrutto, fosse stato una zona tranquilla non molto tempo prima.

Ma non tutto era distruzione. C'era anche molta gente che era venuta dalla città di Valencia o da altri paesi che non erano stati colpiti.

Erano volontari, vicini e persone solidali che si erano avvicinate per aiutare i paesi colpiti dalla DANA.

Si notava la preoccupazione nei loro volti, ma anche la volontà di dare una mano in quello che fosse necessario.

Ad ogni finestra e porta si poteva vedere il segno dell'alluvione, che aveva lasciato tracce di fango e sporcizia ovunque.

Anche le filiali delle banche, dove la gente solitamente andava a prelevare denaro, erano completamente distrutte.

Le macchine per prelevare denaro erano state trascinate via dall'acqua, e le sedie e i mobili che erano dentro le filiali erano scomparsi o erano sparsi per la strada.

Prima di lasciare il quartiere di La Torre, vedemmo veicoli della Polizia Municipale di Valencia e camion dei vigili del fuoco, che stavano lavorando senza sosta, cercando di coordinare gli sforzi e garantire la sicurezza.

Avevano bloccato uno dei ponti che attraversano il fiume Turia, il grande fiume che attraversa Valencia e che infine sfocia nel porto della città.

Questo ponte, che normalmente collega due parti importanti della città, ora era impraticabile.

Quando cercammo di attraversarlo, ci fermarono e sia la polizia che i vigili del fuoco ci spiegarono che non potevano passare di lì perché il ponte non era sicuro a causa dei danni provocati dall'aumento del livello del fiume.

Ci chiesero, in modo fermo ma gentile, di cercare un altro ponte vicino per continuare il nostro cammino.

Seguimmo le indicazioni verso un altro ponte, insieme ad altre persone che cercavano anch'esse un modo per continuare verso i villaggi colpiti o, come noi, andare a Valencia per comprare o ottenere ciò di cui avevano bisogno.

Il percorso era più lungo di quanto avevamo previsto, e l'incertezza di non sapere se saremmo riusciti ad arrivare pesava su di noi.

Tuttavia, la presenza di così tanta gente disposta ad aiutare, insieme agli sforzi delle autorità, ci dava una strana sensazione di speranza.

Tutti i volontari provenivano da Valencia, da altre parti della Spagna e perfino dall'Europa.

Quando attraversammo questo ponte, ci rendemmo conto che era stato costruito di recente, poiché prima non esisteva.

Questo ponte è una passerella costruita circa due anni fa per il passaggio di pedoni, biciclette e monopattini.

Le persone che attraversavano con noi quel ponte, sia in una direzione che nell'altra, non smettevano di fare foto, sorprese dalla quantità d'acqua che portava il fiume, che di solito è secco.

Anche noi rimanemmo stupiti, perché sebbene piova molto in autunno, non avevamo mai visto il fiume Turia così pieno d'acqua.

Attraversando il ponte e mentre camminavamo nella zona, ci colpì una lunga fila di persone davanti a un supermercato nel quartiere di San Marcelino, nella città di Valencia.

La gente portava carrelli pieni di cibo e bottiglie d'acqua, e sembrava stesse comprando provviste per aiutare chi era stato colpito dalla DANA.

Era un gesto solidale che non passava inosservato, e l'atmosfera era piena di una miscela di urgenza e cooperazione.

Le file si estendevano fino all'ingresso, e dentro si notava un continuo andirivieni di persone che trasportavano prodotti di prima necessità.

Ci fermammo un po' ad osservare il movimento, cercando di assimilare ciò che vedevamo.

C'era un'energia speciale, come se tutti sapessero che stavano dando il loro contributo per alleviare la situazione di chi stava soffrendo di più.

Dopo aver riposato un po' e elaborato ciò che avevamo visto, decidemmo di proseguire.

Poco a poco, senza fermarci, due o tre chilometri e un'ora più tardi, arrivammo finalmente a destinazione, che non era altro che la casa di alcuni nostri parenti.

Quando suonammo il campanello, aprirono e ci videro, si misero a piangere di gioia, abbracciandoci e baciarci perché eravamo vivi, dato che dal 29 ottobre non sapevano nulla di noi.

Stavamo con loro parlando, mangiando e anche sistemandoci per circa 3 ore mentre caricavamo tutti i telefoni cellulari e i tablet che avevamo.

Alle 4 del pomeriggio ci siamo salutati e abbiamo iniziato il nostro viaggio di ritorno a casa, un cammino lungo e faticoso che abbiamo potuto fare per un po' in autobus fino all'ingresso del quartiere di La Torre, dove abbiamo dovuto proseguire a piedi fino a casa nostra.

Quando arrivammo nell'edificio dove viviamo, prima di dirigerci al secondo piano, dove si trova la nostra casa, decidemmo di fermarci al primo piano.

Lì vivono i miei nonni paterni, e volevamo approfittarne per far loro visita per un momento.

Suonammo il campanello della loro porta e aspettammo alcuni istanti finché mia nonna, come sempre sorridente, ci aprì e ci accolse.

Mia nonna ci salutò con affetto, chiedendo come fosse andata e se stavamo bene.

Mio padre le spiegò che eravamo venuti anche per restituire a mio nonno il suo telefono cellulare, che ci aveva prestato alcune ore prima e che ora era di nuovo carico al 100% e pronto per essere utilizzato quando ne avesse avuto bisogno.

Mio nonno ringraziò per averglielo restituito così presto e commentò, con la sua tipica calma, quanto fosse importante tenere il cellulare carico in questi giorni, nel caso dovesse sorgere qualche emergenza.

Mia nonna ci offrì di restare ancora un po' con loro, ma mio padre spiegò che preferivamo salire a casa per riposarci dopo una giornata così lunga.

Dopo aver scambiato ancora qualche parola con i miei nonni, ci salutammo con la promessa di vederci presto.

Poi continuammo il nostro cammino salendo le scale fino a raggiungere il secondo piano, dove finalmente entrammo in casa.

Entrando, provai una pace e una tranquillità enormi perché finalmente ero in un posto sicuro.

E come se fosse un incantesimo, dopo qualche ora tornò la luce; in realtà furono solo pochi minuti, ma già era qualcosa e questo mi tranquillizzava ancora di più.

Capitolo 5
Aprendo il Sottosuolo

Il 1° novembre mi svegliai alle 8:30 del mattino.

La prima cosa che feci fu alzarmi, lavarmi e avvicinarmi al soggiorno, dove i miei genitori erano già lì, per salutarli e guardare dalla finestra, dove potevo sentire il suono delle sirene per le strade: macchine della polizia, dei pompieri, della guardia forestale e della Guardia Civil che sembravano muoversi da un lato all'altro.

Alle 11:00 del mattino, mio padre e io ci mettemmo le mascherine —eravamo ancora abituati a usarle in certe occasioni— e scendemmo le scale dell'edificio fino al primo piano, dove vivono i miei nonni paterni.

Suonammo il campanello, e mia nonna ci aprì la porta con un'espressione di sollievo vedendoci.

—Miguel, resta qui a casa con tua nonna —mi disse mio nonno—. Non uscire né scendere ad aiutare. È importante che tu ti prenda cura di lei mentre noi siamo fuori.

Anche se mi sarebbe piaciuto andare con loro, annuii.

Mio padre e mio nonno scesero con attenzione e uscirono dall'edificio al piano terra, dove c'era un problema con la tapparella metallica: era completamente bloccata, e l'acqua della strada stava iniziando a entrare.

Quando arrivarono giù, mio padre e mio nonno tentarono con tutte le loro forze di sollevare la tapparella.

Il compito non era affatto facile; l'acqua, il peso e la tensione del momento rendevano tutto più complicato.

Si avvicinò un amico di mio nonno con suo figlio, vedendoli, per cercare di aiutarli a sollevare quella persiana.

Il tempo passava, ma non c'erano segni che fossero riusciti ad aprirla.

Ogni minuto che passava mi faceva sentire sempre più inquieto, ma in quel momento capii anche l'importanza di ascoltare e aiutare per quanto potessi.

Sembravano molto concentrati e si muovevano in fretta, cercando di risolvere qualcosa, anche se da lontano non riuscivo a capire esattamente cosa fosse.

La strada dove vivevamo era praticamente impraticabile.

C'era tantissimo fango accumulato, tanto che era difficile riconoscere il pavimento, e inoltre, una montagna di auto intrappolate bloccava il passaggio, come se l'acqua le avesse accatastate lì per ricordarci la forza con cui aveva distrutto tutto.

Non volevo sentirmi inutile, e anche se sapevo che loro erano occupati laggiù, mi consumava l'incertezza di non sapere se stavano bene o se avrebbero avuto bisogno di me per qualcosa.

Nel frattempo, mia nonna ed io continuavamo ad aspettare.

Ogni tanto lei mi parlava, cercando di distrarmi o calmarmi, ma io sentivo a malapena le sue parole.

Era come se, anche se fossi a casa, una parte di me fosse laggiù con loro, condividendo il fango, la stanchezza e la tensione di tutto ciò che stavano affrontando.

Un bel po' di tempo dopo, con l'aiuto di un vicino che aveva prestato loro una smerigliatrice per tagliare alcuni pezzi di listelli che erano rimasti incastrati nel binario della persiana e che la bloccavano, finalmente riuscirono a farla salire.

Ci hanno potuto lasciare questo strumento perché la luce era già tornata nel nostro edificio, anche se non in tutta la strada, e perché nel cortile dell'edificio abbiamo una presa dove abbiamo potuto collegare quella smerigliatrice.

Alla fine, dopo un bel po' di tempo e con l'aiuto di molte persone, tra cui uno zio, un cugino mio e suoi amici, siamo riusciti a sollevare quella persiana e ad aprire il negozio.

Quello che mio padre e mio nonno trovarono aprendo il negozio, non ci sono parole per descriverlo, si era perso tutto quello che c'era, compresi le auto di mio padre e mio nonno.

Dentro la casa, mia nonna si muoveva tra pentole e utensili da cucina, preparando il cibo per tutti noi.

Nonostante la situazione, cercava di mantenere una certa normalità.

Notai come cercava di nascondere la sua preoccupazione dietro quei piccoli gesti quotidiani, ma la tristezza nei suoi occhi la tradiva.

A un certo punto, volevo allontanarmi un po' e riposarmi, perché sentivo di aver bisogno di un momento da solo per elaborare tutto ciò che stava accadendo.

Andai alla finestra del soggiorno, che dava sulla strada, e mi affacciai.

Mio nonno stava piangendo, non l'avevo mai visto così, e quella scena mi colpì profondamente.

Piangeva disperato, appoggiato a una macchina che stava fuori, in strada, davanti al negozio, intrappolata nel fango, come se il peso dei ricordi persi fosse troppo da sopportare.

Il suo pianto non era solo per le cose materiali; era per i ricordi che erano andati via con l'acqua.

Fotografie vecchie della famiglia, mobili antichi, elettrodomestici, libri, sedie, tavoli, scaffali con vestiti e scarpe... ecc., ma anche la sua macchina era completamente persa, inutilizzabile e piena di fango, e non solo quella, ma anche la macchina di mio padre era nella stessa condizione.

Mio nonno non aveva alcuna colpa di quello che era successo, aveva fatto tutto quello che era nelle sue possibilità per proteggere le sue cose, ma quella DANA non aveva lasciato nulla di intatto.

Pensai a tutto ciò che quel seminterrato significava per lui, per noi.

Era più di uno spazio; era una parte della nostra storia familiare, perché ogni oggetto che vi si trovava aveva un significato speciale, un pezzo di vita che ora sembrava perso per sempre.

Mi sentii molto triste nel vederlo così, sconfitto da qualcosa di così grande e fuori dal suo controllo.

Da quella finestra, sentii che l'acqua non aveva solo spazzato via le nostre cose, ma anche una parte della nostra vita.

Dopo un po' salirono sopra, mia madre scese dal nostro appartamento per riunirci e mangiare tutti insieme. Raccontammo com'era il seminterrato, ed è stato un momento semplice e desolante per tutti.

Dopo il pranzo e un po' di riposo, mio nonno disse che non aveva voglia di scendere di nuovo al seminterrato, che domani sarebbe stato un altro giorno.

Così passammo ancora qualche ora con loro, facendogli compagnia, e verso le 7 di sera, io e i miei genitori salimmo al nostro appartamento per poterci tranquillizzare, stare un po' rilassati e riposare fino al giorno dopo.

Capitolo 6
I giorni dopo

.

Il giorno dopo mi svegliai alle 8 del mattino, andai a lavarmi, a sistemarmi e poi andai in cucina a fare colazione con i miei genitori come tutte le mattine.

Quel giorno scendemmo nel seminterrato, mio padre, mio nonno ed io, così potevo vedere ciò di cui mi avevano parlato il giorno prima.

E fu molto sorprendente per me, vedere tutto quel caos nel seminterrato mi lasciò completamente sconvolto e senza parole.

Così mi misi subito al lavoro e aiutai mio padre e mio nonno in tutto ciò che potevo, che fosse spazzare, portare fuori le cose, portare loro ciò di cui avevano bisogno, ecc.

Quel giorno ricevemmo con sorpresa l'aiuto di mio zio, che era venuto per qualche giorno per darci una mano.

Tra il portare fuori alcune cose e pulire un po' togliendo il fango, passammo tutta la giornata nel seminterrato e quando salimmo a casa era solo per salutarci, cenare e riposarci fino al giorno successivo.

E così passammo i giorni successivi, scendendo nel seminterrato, portando fuori le cose e pulendo il fango.

Ma, a dire il vero, non eravamo soli, perché le persone che passavano per la strada si offrivano molto gentilmente di aiutarci in ciò di cui avevamo bisogno.

Persone da qui, dal nostro paese, da Valencia e da tutte le parti della Spagna si offrivano di aiutarci senza chiedere nulla in cambio e senza conoscerci, tutto in modo altruistico.

Era un lavoro duro, perché bisognava smontare armadi, scaffali e altri mobili pesanti che il fango aveva distrutto, essendo di legno, per poterli portare fuori in strada affinché venissero portati via.

Sono state buttate molte cose che senza l'aiuto di tutte queste persone sarebbe stato impossibile rimuovere.

Sono venuti anche alcuni amici e conoscenti di mio zio e mio nonno che hanno voluto aiutarci, tirando fuori e pulendo l'acqua e il fango dal piano inferiore, lasciandoci anche degli attrezzi come una Karcher che ci serviva molto per poter rimuovere tutto da terra che ormai si stava attaccando.

I giorni passavano e poco a poco pulivamo il pavimento del piano inferiore.

Passati ancora alcuni giorni, sono venuti alcuni conoscenti di mio nonno da Córdoba, che erano meccanici, per cercare di aiutarci a spostare l'auto di mio padre che era bloccata e non riusciva a muoversi né avanti né indietro.

Ci hanno provato per quasi due ore, ma non sono riusciti a farcela.

Il problema di spostare l'auto di mio padre era che proprio sotto di essa c'era una botola che era come una fogna e volevamo aprirla per poter far scorrere il fango con l'acqua lì, senza doverlo trascinare per più di 50 o 60 metri fino alla strada e poi portarlo fino alla fogna della strada affinché venisse inghiottito.

Dopo tutto il lavoro che avevano fatto, anche se non era stato completato, come ringraziamento per essere venuti ad aiutarci, mio nonno li invitò a salire a casa sua per pranzo.

Io e mio padre salimmo a casa nostra per mangiare, perché mia madre ci stava aspettando, mentre questi meccanici salirono con mio nonno a casa sua per mangiare insieme a lui e a mia nonna.

Quei meccanici non sono venuti solo ad aiutarci, ma sono venuti per aiutare la gente a cercare di salvare le loro auto. Hanno detto ai miei nonni che sarebbero rimasti nei paesi colpiti dalla DANA della provincia di Valencia per quattro o cinque giorni e poi sarebbero tornati nella città di Córdoba.

Quasi nessun negozio era aperto, solo una farmacia, nella quale un giorno mio padre fece la fila per più di quattro ore per riuscire a ottenere delle medicine per i miei nonni.

Ma c'era molta gente impegnata a dare cose per gli altri; per le strade si vedevano alcune persone che passavano a piedi spingendo carrelli simili a quelli del supermercato, offrendo prodotti per la pulizia come candeggina, sapone, disinfettante, spugne, stracci, mop, scope, secchi, ecc.

Altre persone passavano per le strade su furgoni o auto private offrendo acqua, latte, biscotti, così come pannolini e latte per bambini, salviettine disinfettanti, gel igienizzante per le mani, mascherine, guanti, ecc.

Camminando per la strada trovavi posti aperti dove venivano donate cose come altra acqua, latte, biscotti e anche cibo caldo che la gente e diverse ONG cucinavaro per distribuire.

Un paio di giorni dopo vennero degli amici di famiglia da Córdoba ad aiutarci, vennero esclusivamente per questo, per farci compagnia, soprattutto ai miei nonni, che ne avevano bisogno per staccare un po' da tutto questo, e per aiutarci in ciò di cui avevamo bisogno, dato che avevano l'auto per poterla usare per andare dove ci serviva.

Qualcosa di cui essere grati, a loro e anche all'Ospedale Reina Sofía di Córdoba per aver donato mascherine, garze, tute da ospedale, ecc., per distribuirle a chiunque ne avesse bisogno.

In quei giorni ci aiutarono a pulire il piano terra, a portare i miei nonni in ospedale per una visita e anche a portarci a comprare cibo e altre cose che mancavaro in casa.

Furono giorni piacevoli che porteremo nel cuore.

Una mattina guardai fuori dalla finestra e vidi dei militari per la strada dove viviamo che stavano cercando di tirare fuori un'auto di un vicino dal suo garage e metterla in strada.

Subito glielo dissi a mio padre e scendemmo con nostro nonno per vederlo.

Mio nonno aprì la porta del piano terra e mio padre ed io ci avvicinammo a un angolo della strada dove c'erano quei soldati che cercavano di tirare fuori quella macchina.

Mentre guardavamo come stavano rimuovendo l'auto, che era bloccata e frenata come quella di mio padre, chiesi loro se potevano andare a aiutare a tirare fuori la macchina di mio padre.

Uno di loro mi disse che mio padre doveva dare il suo nome, il numero di telefono e l'indirizzo dove si trovava la macchina, così ci avrebbero avvisato quando e se avrebbero potuto venire.

Così mio padre glieli diede, poi continuammo a guardare come, con l'aiuto di tutti quelli presenti, riuscivano a tirare fuori la macchina e a parcheggiarla sul marciapiede, quindi tornammo al piano terra per aspettarli.

Restammo lì per circa 15-20 minuti e poi alcuni soldati si avvicinarono alla porta chiedendo di mio padre per dirgli che stavano arrivando per cercare di tirare fuori la sua macchina dalla strada.

E così fu, all'improvviso arrivarono più di 20 soldati con un jeep che aveva una puleggia per poter trainare; tutti insieme, utilizzando il jeep, sollevando e spingendo la macchina, la tirarono fuori sulla strada.

La macchina non si sbloccò mai e, purtroppo, lì è rimasta; ora finalmente il piano terra era vuoto e si poteva pulire bene.

Un grande grazie a quei soldati del RIL-45 che vennero volontariamente ad aiutare mio padre e mio nonno.

Capitolo 7
Attualità

La vita nei paesi colpiti inizia, lentamente, a recuperare un po' di normalità e, sebbene ci sia ancora molto da fare, si nota un cambiamento nelle strade.

Sempre più persone si decidono a uscire dalle loro case dopo giorni di incertezze e duro lavoro per pulire e recuperare ciò che è stato perso.

I bambini iniziano a tornare, poco a poco, a scuola.

Queste scuole, che solo pochi giorni fa erano piene di fango e distruzione, sono state ora pulite e preparate per accoglierli di nuovo, restituendo loro una parte della loro routine e della loro infanzia.

Per quanto riguarda le attività commerciali, alcuni negozi sono riusciti a riaprire le porte.

I locali che prima erano allagati e pieni di fango ora sono puliti e cominciano a riprendere la loro attività, anche se spesso in modo limitato.

Tuttavia, l'altro lato della medaglia sono i negozi che sono ancora chiusi, dove i proprietari si trovano di fronte a una decisione difficile: cercare di ricostruire e ricominciare, oppure chiudere definitivamente.

In molti casi, l'entità delle perdite e l'incertezza sul futuro rendono questa decisione estremamente dolorosa.

Nel panorama della ripresa, si nota anche l'assenza dei volontari che, nei primi giorni, sono stati essenziali per pulire e distribuire aiuti.

Il loro lavoro è stato prezioso, ma ora che l'emergenza immediata è passata, la loro presenza non è più così visibile.

Ora cominciano a intravedersi di nuovo un po' le aziende di consegna, completamente scomparse durante tutti i giorni precedenti.

Da un lato, gli autobus scolastici, che prima erano un simbolo della vita quotidiana nei paesi, continuano a non funzionare regolarmente e questo complica ulteriormente il ritorno alla routine, specialmente per le famiglie che dipendono da essi per portare i bambini a scuola.

Nonostante questi progressi, che in alcune zone sono più visibili che in altre, c'è ancora molto lavoro da fare.

I paesi continuano a essere colpiti e hanno bisogno di aiuti urgenti per la ricostruzione, aiuti che purtroppo non arrivano o arrivano molto lentamente e a piccole dosi, rendendo tutto ancora più lento.

Le strade, molte delle quali ancora senza illuminazione elettrica, portano ancora i segni di quanto accaduto, e la ripresa non è solo fisica, ma anche emotiva.

La gente continua a cercare di adattarsi a una nuova realtà, mentre il ricordo di questa DANA e delle sue conseguenze rimane fresco nella memoria di tutti.

La speranza, tuttavia, è ciò che spinge queste comunità a rialzarsi, un passo alla volta, verso la ricostruzione delle loro vite.

In questi giorni, ho dedicato molto tempo a prendermi cura dei miei nonni, in particolare di mia nonna, perché lei ha più bisogno di supporto.

Anche mio nonno ha bisogno di cure, ma mia nonna affronta più difficoltà, e io voglio assicurarmi che stia bene.

Da un po' di tempo, io e lei facciamo insieme alcune attività quotidiane, come andare a fare la spesa o portare fuori la spazzatura, e sebbene possano sembrare cose piccole, per noi sono importanti.

Andare a fare la spesa insieme è diventato quasi una routine, ed è qualcosa che facciamo con calma perché lei non può affrettarsi né portare pesi.

Portiamo sempre una lista chiara di ciò di cui abbiamo bisogno, soprattutto frutta e verdura, che di solito sono abbastanza pesanti, ed è per questo che mi occupo di portare tutte le borse della spesa.

Mia nonna non ha solo problemi con il peso a causa della sua età, ma anche perché soffre di una malattia chiamata Parkinson.

Il Parkinson è una malattia neurologica cronica che colpisce il movimento e l'equilibrio, rendendo cose semplici come portare una borsa un compito imposs bile per lei.

A volte mi racconta quanto sia frustrante non riuscire a fare certe cose come prima, ma io cerco sempre di tranquillizzarla e ricordarle che non è sola.

A volte mi accompagna, ma mi assicuro sempre che non debba fare alcuno sforzo fisico né affrontare situazioni che le causino ansia o disagio.

Non sono stato solo con mia nonna, ma anche con mio nonno, aiutando con le cose del piano terra e accompagnandolo quando ne aveva bisogno, mentre mi raccontava storie e mi dava consigli sulla vita.

In mezzo a questi giorni così difficili per tutti, prendermi cura e accompagnare i miei nonni non solo mi ha insegnato a essere più paziente e attento, ma anche a valorizzare le piccole cose della vita e a comprendere quanto sia importante la famiglia.

Le filiali bancarie dei paesi colpiti dalla DANA non hanno ancora potuto aprire le porte o stanno funzionando in modo molto limitato.

Questa situazione ha creato molte difficoltà per i residenti, poiché anche i bancomat non sono operativi.

Ciò significa che le persone colpite non possono prelevare denaro, qualcosa che in questi momenti è fondamentale per coprire bisogni essenziali come cibo, medicine o prodotti per la pulizia.

La situazione ha generato frustrazione e preoccupazione tra i residenti.

Ora, con i bancomat fuori servizio e le filiali chiuse o in condizioni precarie, la popolazione affronta un nuovo ostacolo che complica ulteriormente la ripresa dopo il disastro.

Nel frattempo, gli abitanti di queste località cercano di adattarsi come possono, cercando soluzioni alternative per soddisfare i loro bisogni fondamentali.

Alcuni si rivolgono a familiari o amici nei paesi vicini dove le filiali bancarie funzionano ancora, mentre altri aspettano con pazienza che le banche riescano a ripristinare i loro servizi.

Questo è solo uno dei tanti problemi che affrontano i paesi colpiti dalla DANA, una dimostrazione in più di come un disastro naturale non solo danneggi le case e le strade, ma anche i servizi essenziali che sono il motore della vita quotidiana.

Fino ad oggi, non abbiamo ricevuto nessuno degli aiuti promessi, né quelli del governo regionale, né quelli delle compagnie assicurative in generale, né quelli del governo della Spagna sono arrivati fino a noi.

Anche se continuiamo ad aspettare, con pazienza ma anche con incertezze, la situazione sta diventando sempre più difficile.

Sappiamo che non siamo gli unici in questa situazione, dato che molte famiglie e persone colpite dalla grande tragedia della DANA si trovano in una posizione simile, aspettando quegli aiuti che sono stati annunciati con tanta urgenza nei primi giorni dopo la catastrofe.

Anche se questo dà una certa speranza, lascia anche una sensazione di disuguaglianza. Perché alcuni aiuti arrivano prima di altri? Quanto dovremo ancora aspettare noi? Queste sono alcune delle domande che molte famiglie come la nostra si pongono ogni giorno.

Nel frattempo, continuiamo a ricostruire ciò che possiamo da soli, sostenendoci a vicenda e sperando che le promesse di aiuto non restino solo parole.

Capitolo 8
Foto di una tragedia

In questo capitolo vi mostro alcune foto scattate da mio padre su quella che è stata e sta ancora sendo questa tragedia.

29 ottobre 2024 - L'acqua raggiunge quasi un metro e mezzo di altezza

30 ottobre dell'anno 2024 - La mattina seguente

31 ottobre 2024 - Auto che bloccano il passaggio a livello

31 ottobre 2024 - Un vero Halloween

1 novembre 2024 - Apertura del negozio

2-3-4 novembre 2024 - Pulizia generale

Attuale - La luce alla fine del tunnel

Capitolo 9
Conclusioni

Spero con tutto il cuore che questo libro ti sia piaciuto e, soprattutto, che ti abbia aiutato a capire come mi sento dentro di me nel testimoniare una catastrofe così grande, qualcosa che non avevo mai visto prima nella mia vita.

Spero con tutte le mie forze che questo incubo provocato dalla tragedia della DANA finisca presto.

Voglio ringraziare tutte le persone che hanno aiutato instancabilmente nelle zone più colpite e devastate.

Il loro impegno e la loro solidarietà hanno fatto una grande differenza.

Senza l'aiuto di queste persone, che hanno lavorato senza sosta in questi giorni così difficili, i paesi colpiti dalla DANA non sarebbero riusciti a cominciare a rialzarsi.

Spero che queste pagine non solo vi abbiano raccontato la mia storia, ma che vi ispirino anche a valorizzare l'impegno collettivo e a riflettere su cosa significano l'empatia e il sostegno reciproco nei momenti di crisi.

Abbiamo ancora molta strada da fare per essere completamente recuperati, ma so che con il tempo diventeremo più forti.

Spero solo che questo libro non cada nell'oblio e aiuti te e altre persone a capire e ricordare ciò che è successo.

Grazie per avermi letto.

www.ingramcontent.com/pod-product-compliance
Lightning Source LLC
Chambersburg PA
CBHW051708250726

48653CB00007B/2925